Presidio House

Costeño Slang for Brave Foreigners

Caribbean Coast Edition

Presidio House LLC 2026

ISBN-13: 979-8-9951420-5-8

First Edition © 2026 Presidio House LLC

Disclaimer

This book is a non-fiction educational and cultural guide to authentic colloquial Colombian Spanish. It contains real slang expressions used in everyday speech across different regions of Colombia, including informal, vulgar, strong, or regionally specific language that may be considered offensive, crude, or inappropriate in formal settings. All content is presented solely for linguistic, cultural, and educational purposes to help readers understand and communicate more naturally with native speakers.

The author and publisher do not endorse or encourage the use of profane, vulgar, or disrespectful language. Reader discretion is advised, especially for younger audiences or in professional/educational environments.

Welcome from La Vecina

¡Eeeeh, mi gente caribeña, aquí llegó la vaina! Soy la Vecina de la Costa — la que te recibe con un abrazo que te levanta del suelo y un "¡qué verraca cosa!" que se oye hasta en la playa. Aquí el calor sube, la música nunca para, el humor es rápido y el flow es puro Caribe: Cartagena, Barranquilla, Santa Marta, todo el litoral. Tú vas a aprender a saludar con picardía, a aprobar con jolgorio y a meterle candela a la vida sin miedo. ¡Esto es la Costa, mi rey! Arranca que se va pa' lante, que aquí la rumba no espera a nadie.

English Welcome

Eeeeh, my Caribbean people, the party has arrived! I'm your Coast Vecina — the one who greets you with a hug that lifts you off the ground and a "what a verraca thing!" you can hear all the way to the beach. Here the heat rises, the music never stops, the humor is quick and the flow is pure Caribbean: Cartagena, Barranquilla, Santa Marta, the whole coast. You're going to learn how to greet with mischief, approve with joy and put fire into life without fear. This is the Coast, my king! Let's go full speed — the rumba doesn't wait for anyone.

How to Use This Book

Each entry is set up the same way so you can jump in fast and start sounding Costeño right away, mi rey:

Phrase – the exact Costeño slang expression you're going to use

Vecina – that's me breaking it down in my hot, playful, coastal voice

Meaning – the clear English sense and the real Caribbean vibe behind it

Example – a real-life sentence the way we actually say it on the coast

Translation – the natural English version so you catch every bit of candela

Say them loud, with energy and a laugh, parce! Costeño slang is heat, music, zero shame and pure jolgorio. ¡Eeeeh, a meterle candela! You've got this.

Table of Contents

Saludos Costeños con Picardia y Calor

Coastal Greetings with Mischief and Heat
(Entries 1-10)

Entry 1
¿Qué más, mi rey / mi reina?
Vecina:
Tú sueltas esto y ya estás hablando como costeño de verdad — con cariño, un toque de picardía y ese swing caribeño que hace que la gente te responda con una sonrisa grande desde la playa.
Meaning:
Warm coastal greeting meaning "what's up, my king / my queen?"
Example:
¿Qué más, mi rey? ¿Listo pa' la playa o qué?
Translation:
What's up, my king? Ready for the beach or what?

Entry 2
¿Cómo estás, mi amor?
Vecina:

Mi amor sale en cada esquina, hasta con el que vendió el coco en la playa — tú lo dices con picardía y la gente te responde como si ya fueras parte del jolgorio costeño.

Meaning:

Affectionate greeting meaning “how you doing, my love?”

Example:

¿Cómo estás, mi amor? Se te ve el swing caribeño hoy.

Translation:

How you doing, my love? You’ve got that Caribbean swing today.

Entry 3

¿Qué hubo, mi gente?

Vecina:

Mi gente es todo el mundo en la Costa — tú lo gritas y ya estás armando el parche, porque aquí la familia es grande y la rumba siempre incluye a quien llegue.

Meaning:

Group greeting meaning “what’s up, my people?”

Example:

¿Qué hubo, mi gente? ¡Hoy se goza con todo!

Translation:

What’s up, my people? Today we enjoy everything!

Entry 4

¿Todo chévere?

Vecina:

Chévere es la palabra mágica del Caribe — tú la usas y la gente te responde con risa porque ya saben que estás listo para gozar, aunque el sol esté derritiendo el asfalto.

Meaning:

Classic coastal check meaning "everything cool / great?"

Example:

¿Todo chévere? Porque yo estoy que me derrito de calor.

Translation:

Everything cool? Because I'm melting from the heat.

Entry 5

¿Qué más, mi hermano / mi hermana?

Vecina:

Hermano y hermana se usan con cualquiera en la Costa — tú lo dices con picardía y la gente te abraza como si te conociera de toda la vida, puro calor costeño.

Meaning:

Sibling-style greeting meaning "what's up, my brother / sister?"

Example:

¿Qué más, mi hermano? ¿Vamos a la playa o nos quedamos?

Translation:

What's up, my brother? Beach or stay here?

Entry 6

¿Cómo va esa vaina?

Vecina:

Vaina es todo — la vida, el plan, el calor — tú lo preguntas con swing y la gente te cuenta la historia completa, porque aquí la vaina siempre tiene sabor.

Meaning:

Casual greeting meaning “how’s that thing / situation going?”

Example:

¿Cómo va esa vaina? ¿Ya arreglaste el aire acondicionado?

Translation:

How’s that thing going? Did you fix the AC yet?

Entry 7

¿Listo pa’ la rumba?

Vecina:

En la Costa siempre estamos listos pa’ la rumba, aunque sea lunes — tú lo dices con picardía y la gente ya está buscando la champeta porque aquí la rumba no espera.

Meaning:

Party-ready greeting meaning “ready for the party?”

Example:

¿Listo pa’ la rumba? Porque hoy es viernes de alma.

Translation:

Ready for the party? Because today is soul Friday.

Entry 8

¿Todo bien o qué?

Vecina:

Directo pero con ese calor costeño que no es seco — tú lo preguntas y la gente te responde con risa porque saben que estás chequeando con cariño de playa.

Meaning:

Straight check meaning "everything good or what?"

Example:

¿Todo bien o qué? Se te ve la cara de sol caribeño.

Translation:

Everything good or what? You've got that Caribbean sun face.

Entry 9

¿Qué tal el calor?

Vecina:

El calor es tema diario y siempre se menciona con humor — tú lo dices mientras te derrites y la gente te responde riendo porque aquí el calor es parte de la rumba.

Meaning:

Classic coastal opener meaning "how's the heat?"

Example:

¿Qué tal el calor? Porque yo ya me estoy derritiendo.

Translation:

How's the heat? Because I'm already melting.

Entry 10

¿Vamos a gozar?

Vecina:

Gozar es la misión diaria en la Costa — tú lo preguntas con picardía y la gente ya está buscando la playa o la champeta porque aquí la vida se vive gozando.

Meaning:

Inviting greeting meaning “shall we enjoy / party?”

Example:

¿Vamos a gozar? La playa nos espera.

Translation:

Shall we enjoy? The beach is waiting.

Aprobación con Candela y Jolgorio

Approval with Fire and Joy

(Entries 11–20)

Entry 11

De una, mi amor

Vecina:

Tú dices "de una, mi amor" y ya estás dentro — sin pensarlo dos veces, con toda la candela costeña que dice "vamos pa'lante, que la vida es corta y la rumba no espera".

Meaning:

Right away, my love / instantly

Example:

¿Vamos? De una, mi amor, yo te sigo.

Translation:

We going? Right away, my love — I'll follow.

Entry 12

Eso está verraco

Vecina:

Cuando la rumba está tan fuerte que se siente poderosa, "eso está verraco" es como gritamos aprobación en la costa — tú lo sueltas después de un paso de champeta que mata y toda la playa te responde con un rugido.

Meaning:

That's awesome / impressive

Example:

El baile que se mandó está verraco, qué nivel.

Translation:

The dance he pulled off is awesome — what a level.

Entry 13

Dale candela

Vecina:

Cuando quieres que alguien le meta fuego de verdad, "dale candela" es el empujón juguetón costeño — tú lo dices riendo y la rumba se prende el doble.

Meaning:

Put fire into it / go hard

Example:

¿Lo hacemos? Dale candela, mi rey.

Translation:

We doing it? Put fire into it, my king.

Entry 14

Eso quedó chévere

Vecina:

Cuando algo sale bien y sabe rico, "eso quedó chévere" es la forma relajada de aprobar — tú lo usas después de una buena comida o un paso de salsa y todo el mundo sonríe contigo.

Meaning: That turned out cool / great

Example:

La comida quedó chévere, qué rico.

Translation:
The food turned out great — delicious.

Entry 15
Me encanta esa vaina
Vecina:
Cuando algo te pega directo en el alma, "me encanta esa vaina" es la forma entusiasta costeña de decir que te encanta — tú lo gritas con pura alegría y la fiesta siente tu energía.
Meaning:
I love that thing
Example:
Me encanta esa vaina, vamos a repetir.
Translation:
I love that thing — let's do it again.

Entry 16
Está sabroso
Vecina:
Cuando el ambiente, la comida o la noche se siente deliciosa, "está sabroso" es como decimos que está rico — tú lo sueltas y todo el grupo sabe que la buena vaina ya llegó.
Meaning:
It's tasty / enjoyable
Example:
El plan está sabroso, hay que seguirlo.
Translation:

The plan is tasty — we gotta keep it going.

Entry 17
Va con todo
Vecina:
Cuando alguien se lanza sin guardarse nada, “va con todo” es como animamos en la costa — tú lo dices con candela y la rumba se pone el doble de caliente.
Meaning:
Going all in
Example:
Va con todo, ese hombre no se raja.
Translation:
He’s going all in — that man doesn’t back down.

Entry 18
Eso pinta rico
Vecina:
Cuando algo promete goce total, “eso pinta rico” es la forma más sabrosa de crear expectativa — tú lo usas y toda la playa ya está planeando sumarse.
Meaning:
That looks tasty / promising
Example:
Esa fiesta pinta rico, hay que ir.
Translation:
That party looks tasty — we gotta go.

Entry 19
De una, vamos
Vecina:
De una y vamos juntos es pura energía costeña — tú lo sueltas riendo y el grupo se mueve como uno solo, porque en la costa la fiesta arranca en el segundo que alguien dice vamos.
Meaning:
Right away, let's go
Example:
¿Listos? De una, vamos pa' la playa.
Translation:
Ready? Right away — let's hit the beach.

Entry 20
Eso está al pelo
Vecina:
Cuando algo está justo perfecto y bien sincronizado, "eso está al pelo" es como decimos que está en punto — tú lo usas después de una salsa que mata y toda la pista te da la razón.
Meaning:
Just right / spot on
Example:
El ritmo está al pelo, a bailar.
Translation:
The rhythm is spot on — let's dance.

Emoción con Fuego Caribeño

Emotions with Caribbean Fire

(Entries 21–30)

Entry 21

Estoy que me derrito

Vecina:

Cuando el sol, la música o la vaina está demasiado caliente y te estás derritiendo de pura felicidad, "estoy que me derrito" es como decimos en la costa — tú lo sueltas en la playa y todo el mundo se ríe porque están sintiendo el mismo fuego.

Meaning:

I'm melting / overwhelmed with excitement

Example:

Con este sol estoy que me derrito, qué rico.

Translation:

With this sun I'm melting — so good.

Entry 22

Me tiene loco/a

Vecina:

Cuando el ritmo o la noche te vuelve loco por dentro, "me tiene loco/a" es la forma juguetona costeña de decir que te tiene loco — tú lo gritas en la champeta y toda la gente se une a la locura.

Meaning:
It's driving me crazy / wild with excitement
Example:
La música me tiene loco, no puedo parar.
Translation:
The music is driving me crazy — I can't stop.

Entry 23
Estoy prendido/a
Vecina:
Cuando la candela te quema por dentro y estás listo para todo, "estoy prendido/a" es como decimos que estamos encendidos — tú lo usas después de la primera cerveza y la rumba se siente el doble de caliente.
Meaning:
I'm lit / fired up
Example:
Estoy prendido con esta vaina, vamos con todo.
Translation:
I'm lit with this thing — let's go all in.

Entry 24
Me voló la cabeza
Vecina:
Cuando un paso de baile, una canción o un atardecer te pega tan duro que te quedas sin palabras, "me voló la cabeza" es como decimos que te voló la cabeza — tú lo dices riendo y todo el mundo quiere la historia.
Meaning:

That blew my mind

Example:

El baile me voló la cabeza, qué verraco.

Translation:

The dance blew my mind — awesome.

Entry 25

Estoy embalado/a

Vecina:

Cuando estás metido de lleno en el momento y no puedes parar de moverte, "estoy embalado/a" es como decimos que estamos embalados — tú lo usas en la pista y la noche parece que apenas está comenzando.

Meaning:

I'm fully into it / accelerated

Example:

Estoy embalado con la rumba, no hay quien me pare.

Translation:

I'm fully into the party — no one can stop me.

Entry 26

Me tiene bailando

Vecina:

Cuando la canción se te mete por dentro y el cuerpo empieza a moverse antes de que te des cuenta, "me tiene bailando" es la forma alegre de decir que la música nos tiene bailando por dentro — tú lo gritas y toda la playa lo siente.

Meaning:

It's got me dancing inside

Example:

La canción me tiene bailando desde ya.

Translation:

The song has me dancing already.

Entry 27

Estoy que exploto

Vecina:

Cuando la alegría o el calor está a punto de explotar por dentro, "estoy que exploto" es como decimos que estamos explotando de felicidad — tú lo usas después de un buen drop de reggaetón y la fiesta explota contigo.

Meaning:

I'm about to burst

Example:

Estoy que exploto con esta noticia tan verraca.

Translation:

I'm about to burst with this awesome news.

Entry 28

Me tiene feliz

Vecina:

Cuando algo te pone una sonrisa grande e imparable, "me tiene feliz" es la forma cálida costeña de decir que estás feliz — tú lo dices con el sol en la piel y todo el mundo siente la buena energía.

Meaning:

It's got me happy

Example:
El plan me tiene feliz, qué rico se siente.
Translation:
The plan has me happy — feels so good.

Entry 29
Estoy volando
Vecina:
Cuando la música, el mar o la noche te levanta alto, "estoy volando" es como decimos que estamos volando — tú lo usas bailando descalzo en la arena y toda la costa sabe que estás en el cielo.
Meaning:
I'm flying / high
Example:
Con esa vaina estoy volando, qué berraquera.
Translation:
With that thing I'm flying — what a thrill.

Entry 30
Me tiene contento/a
Vecina:
Cuando el día o la noche te deja sonriendo y satisfecho, "me tiene contento/a" es la forma relajada costeña de decir que estás contento — tú lo dices después de un atardecer perfecto y todo el mundo coincide en que la vaina está bien.
Meaning:
It's got me content

Example:

La playa me tiene contenta todo el día.

Translation:

The beach has me content all day.

Rumba Costeña que se Prende en Candela

Coastal Rumba That Lights Up with Fire
(Entries 31–40)

Entry 31
Se armó la vaina
Vecina:
Cuando el grupo llega y la playa o la cuadra se convierte de repente en puro desorden bueno, "se armó la vaina" es como decimos que la fiesta de verdad explotó — tú lo sueltas y todo el mundo siente que la candela llegó de una.
Meaning:
The thing / party kicked off
Example:
Llegaron los pelaos y se armó la vaina.
Translation:
The crew arrived and the party kicked off.

Entry 32
Esto está verraco
Vecina:
Cuando la rumba está tan fuerte que se siente poderosa, "esto está verraco" es como decimos que está impresionante y prendida — tú lo gritas después de un

drop de champeta que mata y toda la gente te responde con un rugido.

Meaning:

This is awesome / impressive

Example:

La rumba está verraca, pura candela.

Translation:

The party is awesome — pure fire.

Entry 33

Se prendió la playa

Vecina:

Cuando la playa se ilumina con música y gente, "se prendió la playa" es como anunciamos que la costa se prendió — tú lo usas al atardecer y toda la orilla siente el calor.

Meaning:

The beach lit up

Example:

Se prendió la playa con esa champeta.

Translation:

The beach lit up with that champeta.

Entry 34

Esto está caliente

Vecina:

Cuando la fiesta está ardiendo de pasión y nadie quiere parar, "esto está caliente" es la forma juguetona de decir que está caliente — tú lo dices bailando y el sudor te da la razón.

Meaning:

This is hot / intense

Example:

La fiesta está caliente, no hay quien pare.

Translation:

The party is hot — no one's stopping.

Entry 35

Se armó el jolgorio

Vecina:

Cuando la alegría y las risas explotan de verdad, "se armó el jolgorio" es como decimos que la diversión ya empezó oficialmente — tú lo sueltas después de la primera ronda y toda la costa se une a la celebración.

Meaning:

The joy / party started

Example:

Se armó el jolgorio cuando llegó la salsa.

Translation:

The joy kicked off when the salsa arrived.

Entry 36

Esto está sabroso

Vecina:

Cuando la música, la noche y la gente se sienten deliciosas, "esto está sabroso" es como decimos que la vaina está rica — tú lo usas con una carcajada grande y todo el mundo coincide en que la costa está cumpliendo.

Meaning:

This is tasty / enjoyable

Example:

Con esta música esto está sabroso.

Translation:

With this music this is tasty.

Entry 37

Aquí se goza diferente

Vecina:

Aquí gozamos a nuestra manera — con sal en la piel, música en la sangre y cero vergüenza — tú lo dices bailando descalzo y la gente asiente porque nadie goza como gozamos en el Caribe.

Meaning:

Here we enjoy differently

Example:

Aquí se goza diferente, con candela y mar.

Translation:

Here we enjoy differently — with fire and sea.

Entry 38

La cosa está rica

Vecina:

Cuando todo se siente sabroso y vale la pena disfrutarlo, “la cosa está rica” es como decimos que la noche está deliciosa — tú lo usas después de un atardecer perfecto y la rumba se pone más dulce.

Meaning:

The situation is tasty / great

Example:

La cosa está rica, no hay que parar.

Translation:

Things are tasty — no need to stop.

Entry 39

Se puso bueno

Vecina:

Cuando la fiesta llega a ese punto dulce después del calentamiento, "se puso bueno" es la forma costeña de decir que se puso bueno de verdad — tú lo dices con una sonrisa y las caderas responden.

Meaning:

It got really good

Example:

Después del atardecer se puso bueno el parche.

Translation:

After sunset the hangout got really good.

Entry 40

Esto está prendido

Vecina:

Cuando el carnaval o la noche está totalmente prendido y el fuego no se apaga, "esto está prendido" es como decimos que la fiesta está ardiendo fuerte — tú lo gritas y toda la costa siente la candela.

Meaning:

This is lit / on fire

Example:

El carnaval está prendido, qué verraco.

Translation:

The carnival is lit — awesome.

Plata y la Vaina Costeña

Money and the Coastal Vaina

(Entries 41–50)

Entry 41
Estoy seco/a
Vecina:
Cuando los bolsillos están vacíos pero el espíritu sigue brillando, “estoy seco/a” es como decimos que estamos quebrados en la costa — tú lo sueltas con una carcajada grande y alguien igual te compra una cerveza porque aquí la rumba importa más que la plata.
Meaning:
I’m dry / broke
Example:
Estoy seco, pero igual voy a la playa.
Translation:
I’m broke — but I’m still going to the beach.

Entry 42
No tengo ni pa’l pasaje
Vecina:
Cuando ni siquiera tienes para el bus pero el mar te está llamando por tu nombre, “no tengo ni pa’l pasaje” es la forma honesta costeña de decir que estás pelado — tú lo

dices con una sonrisa y el grupo igual te arrastra a la fiesta.

Meaning:

Don't even have for the fare

Example:

No tengo ni pa'l pasaje, toca caminar con flow.

Translation:

Not even enough for the fare — gotta walk with style.

Entry 43

Quedé limpio/a

Vecina:

Después de un fin de semana loco o carnaval, "quedé limpio/a" es la forma divertida de decir que gastaste todo pero la pasaste brutal — tú lo usas riendo y los amigos te chocan la mano porque los recuerdos valieron cada peso.

Meaning:

Left clean / with nothing

Example:

Después de la rumba quedé limpio, pero qué rico.

Translation:

After the party I was left with nothing — but so good.

Entry 44

Estoy en la olla

Vecina:

Cuando estás quebrado pero el calor sigue prendido y la música sigue sonando, "estoy en la olla" es la forma juguetona costeña de decir que estás en la olla — tú lo dices con picardía y la rumba sigue de todos modos.

Meaning:

I'm in the pot / broke

Example:

Estoy en la olla, pero la vida sigue sabrosa.

Translation:

I'm broke — but life keeps being tasty.

Entry 45

La plata voló

Vecina:

Cuando la plata desapareció más rápido que un beat de champeta, "la plata voló" es como decimos que se voló — tú lo dices riendo porque los recuerdos del carnaval todavía bailan en tu cabeza.

Meaning:

The money flew away

Example:

La plata voló en el carnaval, qué vaina.

Translation:

The money flew away at carnival — what a thing.

Entry 46

Ando corto/a

Vecina:

Cuando estás corto de plata pero largo de ganas, "ando corto/a" es como lo decimos con estilo — tú lo sueltas y sigues siendo el primero que invita a bailar porque el flow vale más que la billetera.

Meaning:

I'm short on cash

Example:

Ando corto, pero igual invito una cerveza.

Translation:

I'm short — but I'll still buy a beer.

Entry 47

No hay con qué

Vecina:

Cuando no hay plata para hacer nada, "no hay con qué" es la forma directa costeña de decirlo — tú lo dices con un encogimiento de hombros y la playa o la fiesta igual te incluye.

Meaning:

There's nothing to work with

Example:

No hay con qué salir, pero hay con quién bailar.

Translation:

No money to go out — but there's someone to dance with.

Entry 48

Estoy pelado/a

Vecina:

Cuando estás quebrado pero sigues viéndote fresco, "estoy pelado/a" es como lo decimos con actitud — tú lo usas y la rumba sigue porque el estilo cuesta menos que la actitud en la costa.

Meaning:

I'm broke / skinned

Example:

Estoy pelado, pero me visto verraco igual.

Translation:

I'm broke — but I still dress awesome.

Entry 49

Sin un peso

Vecina:

Cuando no tienes ni un peso pero el corazón está lleno, "sin un peso" es como decimos que estamos quebrados — tú lo sueltas con una carcajada grande y las buenas vibras llevan la noche de todos modos.

Meaning:

Without a single peso

Example:

Sin un peso, pero con ganas de gozar.

Translation:

Without a single peso — but with desire to enjoy.

Entry 50

Estoy quebrado/a

Vecina:

Cuando estás quebrado financieramente por hoy, "estoy quebrado/a" es como lo decimos con esperanza — tú lo usas sabiendo que mañana la música vuelve a sonar y la costa lo arregla todo.

Meaning:

I'm broken / ruined

Example:

Estoy quebrado, pero mañana bailo y se arregla.

Translation:

I'm broke — but tomorrow I dance and it fixes itself.

Carácter Caribeño con Candela

Caribbean Character with Fire

(Entries 51–60)

Entry 51

Ese man es verraco

Vecina:

Cuando alguien es fuerte, valiente y lleno de ese poder costeño, "ese man es verraco" es como decimos que es un verraco — tú lo sueltas después de verlo dominar la pista o las olas y todo el grupo aplaude porque sabe exactamente a qué te refieres.

Meaning:

That guy is tough / impressive

Example:

Ese man es verraco bailando champeta.

Translation:

That guy is impressive dancing champeta.

Entry 52

No se achica

Vecina:

Cuando alguien nunca se achica ni se raja, ni cuando el calor aprieta, "no se achica" es la forma costeña de decir que se para firme — tú lo usas en la playa o en la rumba y todo el mundo siente el fuego del verdadero coraje caribeño.

Meaning:

Doesn't shrink / back down

Example:

No se achica en la rumba, siempre al frente.

Translation:

Doesn't back down at the party — always leading.

Entry 53

Tiene candela

Vecina:

Cuando alguien lleva ese fuego interior que ilumina cualquier espacio, "tiene candela" es como decimos que tiene la chispa — tú lo dices riendo y toda la costa sabe que la fiesta se puso más caliente.

Meaning:

Has fire / energy

Example:

Tiene candela pa' la vida y pa' la rumba.

Translation:

Has fire for life and for the party.

Entry 54

Se para duro

Vecina:

Cuando alguien se planta con actitud y nunca se dobla, "se para duro" es la forma costeña de decir que no se achica — tú lo usas después de un momento difícil y el grupo respeta la fuerza caribeña pura.

Meaning:

Stands firm

Example:

Se para duro en lo que quiere, no se dobla.

Translation:

Stands firm in what he wants — doesn't bend.

Entry 55

Es un bacán

Vecina:

Cuando alguien es genuinamente cool, bueno y siempre trae buena vibra, "es un bacán" es como decimos que es un bacán — tú lo sueltas con una sonrisa y toda la playa coincide en que llegó la buena energía.

Meaning:

He's awesome / great person

Example:

Es un bacán, siempre con sonrisa y jolgorio.

Translation:

He's awesome — always with a smile and joy.

Entry 56

No se deja

Vecina:

Cuando alguien nunca se deja montar pero lo hace con picardía y cariño, "no se deja" es la forma juguetona costeña de decir que pone límites — tú lo usas y la rumba respeta el fuego.

Meaning:

Doesn't let himself be pushed

Example:

No se deja, pero lo dice con amor.

Translation:

Doesn't let himself be pushed — but says it with love.

Entry 57

Tiene su flow

Vecina:

Cuando alguien lleva ese ritmo natural costeño en todo lo que hace, "tiene su flow" es como decimos que tiene estilo — tú lo dices viendo bailar o caminar por la playa y todo el mundo siente el groove caribeño.

Meaning:

Has his flow / style

Example:

Tiene su flow, siempre se ve verraco.

Translation:

Has his flow — always looks awesome.

Entry 58

Es pilas

Vecina:

Cuando alguien es vivo, atento y nunca se le pasa nada en la fiesta o en la vida, "es pilas" es la forma costeña de decir que está pilas — tú lo usas y el grupo sabe que puede contar con el fuego.

Meaning:

He's sharp / alert

Example:

Es pilas, no se le pasa nada en la fiesta.

Translation:

He's sharp — nothing slips by him at the party.

Entry 59

Se hace querer

Vecina:

Cuando alguien conquista corazones sin esforzarse, con ese calor costeño, "se hace querer" es como decimos que se hace querer — tú lo dices con una sonrisa grande y todo el grupo asiente porque la vibra es contagiosa.

Meaning:

Makes himself loved

Example:

Se hace querer con esa risa y ese baile.

Translation:

Makes himself loved with that laugh and that dance.

Entry 60

Es un fiestero

Vecina:

Cuando alguien vive para la rumba y lleva la alegría a donde vaya, "es un fiestero" es la forma costeña de decir que es un fiestero de verdad — tú lo usas y la noche se siente el doble de viva.

Meaning:

He’s a party person

Example:

Es un fiestero, siempre listo pa’ la rumba.

Translation:

He’s a party person — always ready for the party.

Estado con Sabor Caribeño

Mood with Caribbean Flavor

(Entries 61–70)

Entry 61

Estoy cansado pero contento

Vecina:

Cuando la rumba fue larga pero el corazón sigue sonriendo, "estoy cansado pero contento" es como decimos que estamos cansados pero felices — tú lo sueltas después de una noche completa de champeta y el grupo se ríe porque sabe que la costa siempre te deja agotado pero lleno de alegría.

Meaning:

Tired but happy

Example:

Estoy cansado pero contento después de la rumba.

Translation:

Tired but happy after the party.

Entry 62

Me quedé sin pila

Vecina:

Cuando el sol, el baile y las buenas vainas te dejan sin una gota de energía, "me quedé sin pila" es la forma divertida costeña de decir que te quedaste sin pila — tú lo dices riendo en la playa y alguien te pasa un coco para recargar.

Meaning:

I'm out of battery / drained

Example:

Me quedé sin pila, pero mañana volvemos.

Translation:

I'm out of battery — but tomorrow we go again.

Entry 63

Estoy en las nubes

Vecina:

Cuando la música o el mar te levanta tan alto que estás flotando, "estoy en las nubes" es como decimos que estamos en las nubes — tú lo usas bailando descalzo y toda la costa siente tu buena energía.

Meaning:

I'm on cloud nine

Example:

Con esa vaina estoy en las nubes.

Translation:

With that thing I'm on cloud nine.

Entry 64

Todo fluye

Vecina:

Cuando la vida corre suave con buena música y buena compañía, "todo fluye" es la forma relajada costeña de decir que todo fluye bien — tú lo dices mirando las olas y la noche se pone más sabrosa.

Meaning:

Everything flows

Example:

Cuando hay buena champeta todo fluye.

Translation:

When there's good champeta everything flows.

Entry 65

Estoy relajado/a

Vecina:

Cuando estás verdaderamente en paz pero todavía listo para lo que venga, "estoy relajado/a" es como decimos que estamos relajados con ese swing costeño todavía en los huesos — tú lo usas en la hamaca con un coco y la vaina se queda perfecta.

Meaning:

I'm relaxed

Example:

Estoy relajado en la hamaca con mi coco.

Translation:

I'm relaxed in the hammock with my coconut.

Entry 66

Me siento vivo/a

Vecina:

Cuando el mar, el sol o la música te despierta otra vez, "me siento vivo/a" es como decimos que nos sentimos vivos — tú lo dices después de una tarde perfecta en la playa y todo el grupo repite el mismo fuego.

Meaning:

I feel alive

Example:

Con esta playa me siento vivo otra vez.

Translation:

With this beach I feel alive again.

Entry 67

Todo está rico

Vecina:

Cuando el día o la noche se siente delicioso por todos lados, "todo está rico" es la forma más dulce costeña de decir que todo está bueno — tú lo usas con el sol en la piel y todo el mundo coincide en que la costa está cumpliendo.

Meaning:

Everything is tasty / great

Example:

Todo está rico hoy, qué día tan verraco.

Translation:

Everything is tasty today — what an awesome day.

Entry 68

Estoy en mi salsa

Vecina:

Cuando estás en tu elemento y el ritmo se siente como en casa, "estoy en mi salsa" es la forma clásica costeña de decir que estás en tu salsa — nadie te para ahora, especialmente cuando cae la champeta.

Meaning:

I'm in my element

Example:

Cuando bailo champeta estoy en mi salsa.

Translation:

When I dance champeta I'm in my element.

Entry 69

Me tiene contento/a

Vecina:

Cuando algo te pone una sonrisa grande e imparable, "me tiene contento/a" es la forma cálida costeña de decir que estás contento — tú lo dices después de un atardecer perfecto y toda la playa siente las buenas vibras.

Meaning:

It's got me content

Example:

La playa me tiene contento todo el día.

Translation:

The beach has me content all day.

Entry 70

Estoy que no quepo

Vecina:

Cuando la alegría está desbordando y no la puedes contener, "estoy que no quepo" es como decimos que estamos que no cabemos — tú lo usas en una rumba que mata y toda la costa explota contigo.

Meaning:

I can't contain it / overflowing

Example:

Con esta rumba estoy que no quepo.

Translation:

With this party I can't contain it.

Cultura del Litoral que se Vive con Jolgorio

Litoral Culture Lived with Joy

(Entries 71–80)

Entry 71

Esto es puro Caribe

Vecina:

Cuando el mar, la música y el calor te pegan al mismo tiempo, "esto es puro Caribe" es como decimos que esto es la costa de verdad — tú lo sueltas con las olas de fondo y todo el mundo siente la candela en el pecho.

Meaning:

This is pure Caribbean

Example:

Esto es puro Caribe, goce y candela.

Translation:

This is pure Caribbean — enjoyment and fire.

Entry 72

Aquí se vive con candela

Vecina:

Aquí vivimos con candela, sin guardarnos nada y sin miedo — tú lo dices mientras el sol te quema los hombros y toda la playa sabe exactamente cómo se siente el espíritu costeño.

Meaning:
Here life is lived with fire
Example:
Aquí se vive con candela, sin guardar nada.
Translation:
Here life is lived with fire — holding nothing back.

Entry 73
Qué verraco
Vecina:
Cuando algo es impresionante, colorido y lleno de vida, "qué verraco" es la forma ruidosa costeña de decir "qué verraca cosa" — tú lo gritas en el carnaval y toda la calle te responde con el mismo grito.
Meaning:
What an awesome thing
Example:
Qué verraco ese carnaval, qué color.
Translation:
What an awesome carnival — so much color.

Entry 74
Todo con sabor
Vecina:
Todo aquí tiene sabor — la comida, la música, la gente, la forma en que reímos — tú lo dices con una sonrisa grande y todo el mundo sabe que ya entendiste la costa.
Meaning:
Everything with flavor

Example:
Todo con sabor, así es la Costa.
Translation:
Everything with flavor — that's the Coast.

Entry 75
Esto es vida
Vecina:
Esto es vida — playa, rumba, familia y cero vergüenza — tú lo dices mientras se pone el sol y la música empieza y todo el litoral se siente como en casa.
Meaning:
This is life
Example:
Esto es vida: playa, rumba y familia.
Translation:
This is life: beach, party and family.

Entry 76
Se siente el calor
Vecina:
El calor del sol y el calor de la gente — tú lo dices mientras te limpias el sudor y te ríes porque en la costa el calor es parte de la alegría.
Meaning:
You can feel the heat
Example:
Se siente el calor en cada esquina.
Translation:

You can feel the heat on every corner.

Entry 77
Aquí se goza diferente
Vecina:
Aquí gozamos a nuestra manera — con sal en la piel, música en la sangre y cero reglas — tú lo dices y toda la costa asiente porque nadie goza como gozamos nosotros.
Meaning:
Here we enjoy differently
Example:
Aquí se goza diferente, con sabor caribeño.
Translation:
Here we enjoy differently — with Caribbean flavor.

Entry 78
La vida es una fiesta
Vecina:
La vida es una fiesta que nunca termina de verdad — tú lo dices con el reggaetón sonando y todo el mundo en la playa levanta las manos porque en la costa así es exactamente como vivimos.
Meaning:
Life is a party
Example:
La vida es una fiesta, y en la Costa se vive así.
Translation:
Life is a party — and on the Coast we live it that way.

Entry 79
Pura candela
Vecina:
Pura candela, pura energía, pura pasión que no se apaga — tú lo gritas cuando cae el beat y todo el litoral siente la llama que acabas de encender.
Meaning:
Pure fire
Example:
Pura candela, esto no para.
Translation:
Pure fire — this doesn't stop.

Entry 80
Esto es lo nuestro
Vecina:
Esto es nuestro — el mar, la música, las risas, el calor — tú lo dices con orgullo y todo el mundo en la costa siente esa pertenencia caribeña que no se rompe.
Meaning:
This is ours / this is us
Example:
Esto es lo nuestro, la Costa con candela.
Translation:
This is ours — the Coast with fire.

Representative Glossary

(CS-06 – Costeño Flavor)

Verraco
Vecina: When something or someone is strong, impressive, and full of pure coastal power, "verraco" is how we shout approval — you'll drop this after a killer dance move or a big wave and the whole beach will roar back with you.
Meaning: Awesome / impressive / tough

Candela
Vecina: Pure fire, pure energy, pure passion that never goes out — you'll shout "¡candela!" when the rumba is burning hot and the whole coast will feel the flame you just lit.
Meaning: Fire / energy / heat

Vaina
Vecina: Our all-purpose word for any situation, plan, problem, or thing — you'll say "qué vaina" with a big laugh when the bus is late or the party is wild, and every costeño will know exactly what you mean.
Meaning: Thing / situation / stuff

Chévere
Vecina: The magic word of the coast — when something is cool, nice, or going great, “chévere” is how we say it with a smile and a swing, whether it’s the weather, the music, or the night itself.
Meaning: Cool / great

Mi rey / Mi reina
Vecina: We call people “mi rey” or “mi reina” with affection, even strangers on the beach — you’ll use this and instantly sound like you belong to the big, warm Caribbean family.
Meaning: My king / my queen (affectionate)

Jolgorio
Vecina: Pure joy, laughter, and nonstop fun — when the party explodes with happiness, “se armó el jolgorio” is how we say the good times have officially begun.
Meaning: Joy / fun / celebration

Sabroso
Vecina: When the night, the music, the food, or the vibe feels delicious, “sabroso” is how we say it’s tasty — you’ll shout this while dancing and everyone will agree the coast is living up to its name.
Meaning: Tasty / enjoyable

Rumba
Vecina: The party, the night, the celebration — in the Caribbean a rumba is never just a party, it's a feeling you dance with your whole body and soul.
Meaning: Party

Flow
Vecina: That natural coastal rhythm you carry in your step, your laugh, and your life — having "flow" means you move with style, music, and zero shame.
Meaning: Rhythm / style / groove

Gozar
Vecina: To enjoy life fully, to savor every moment with heart and zero shame — in the coast we don't just live, we gozar, and we do it loud and with candela.
Meaning: Enjoy / have fun

Discover the Collection

The 8-Volume Series

Here's the full collection so you can keep exploring every corner of Colombia with pure Caribbean fire:

CS-01 – Colombian Slang for Brave Foreigners (National)
CS-02 – Paisa Slang for Brave Foreigners
CS-03 – Rolo Slang for Brave Foreigners
CS-04 – Caleño Slang for Brave Foreigners
CS-05 – Cafetero Slang for Brave Foreigners
CS-06 – Costeño Slang for Brave Foreigners
CS-07 – Santandereano & Boyacense Slang for Brave Foreigners
CS-08 – Pacific Coast Slang for Brave Foreigners

Acknowledgements Vecina: Gracias a toda la gente costeña que me enseñó a vivir con candela, jolgorio y ese calor humano que no se apaga nunca. Gracias por los abrazos fuertes, las risas que se oyen hasta la playa, y por recordarme que en la Costa la vida no se camina... se baila, se goza y se vive con todo el alma. ¡Eeeeh, esto es lo nuestro!

www.ingramcontent.com/pod-product-compliance
Lightning Source LLC
LaVergne TN
LVHW011052110826
845149LV00015B/3468

* 9 7 9 8 9 9 5 1 4 2 0 5 8 *